LA DOYENNE

DES

SOMNAMBULES

OU

NOTICE BIOGRAPHIQUE

DE

MARIANNE PAMBOUR

Accompagnée de Conseils utiles aux personnes qui consultent la Somnambule sur des objets portés par un Malade éloigné de Paris.

> Ce qui est au-dessus de la raison n'est pas pour cela contre la raison.
> PASCAL.

Paris
IMPRIMERIE DE GUSTAVE GRATIOT
RUE DE LA MONNAIE, 11.

1846

T.b. 64
181

LA DOYENNE
DES
SOMNAMBULES

ou

NOTICE BIOGRAPHIQUE

DE

MARIANNE P......

BROCHURE IN-8° SUR BEAU PAPIER. PRIX : 1 FRANC.

A Paris, rue Guénégaud, 31.

Aujourd'hui que les phénomènes extraordinaires du Magnétisme sont reconnus par tout le monde, l'histoire de la plus remarquable somnambule de Paris doit présenter non-seulement un intérêt de curiosité, mais encore une utilité réelle pour ceux qui pourraient se trouver dans la nécessité d'avoir recours à son ministère.

On sait que l'examen, par l'Académie de Médecine, du Magnétisme et du Somnambulisme, fut provoqué par M. le docteur Foissac ; voici un extrait du mémoire présenté par cet honorable médecin à l'Académie :

M. Foissac, après avoir établi qu'en beaucoup de circonstances les symptômes sont insuffisants pour qu'un médecin puisse reconnaître une maladie, et que presque toujours il lui est impossible de préjuger chez ceux qui le consultent

1846

le germe d'affections qui deviennent mortelles lorsque l'on n'en prévient pas le développement, ajoute :

« Il n'est pas de maladies aiguë ou chronique, simple ou compli-
« quée, je n'en excepte aucune de celles qui ont leur siége dans une
« des trois cavités splanchniques, que les SOMNAMBULES ne puissent
« découvrir et traiter convenablement..... Déjà, un grand nombre de
« fois, j'ai fait une heureuse application du MAGNÉTISME ANIMAL au
« traitement de maladies qui jusque-là avaient été méconnues ou re-
« gardées *comme incurables*. Je m'en suis aidé avec le même succès
« dans les maladies ordinaires, connues par leurs symptômes, leur
« marche et leur terminaison, et j'ai toujours observé que les indica-
« tions fournies par les SOMNAMBULES étaient pleines de *sagacité*, de
« *précision* et de *certitude*. »

Cette consciencieuse opinion, appuyée par le rapport même des membres de la commission d'examen qui fut nommée par l'Académie, est vraie de tous points.

MARIANNE a rendu à la santé un nombre incalculable de malades, dont beaucoup ne recevaient aucune amélioration des remèdes ordinaires, et personne n'a eu à regretter des sacrifices inutiles, car elle n'accepte de rémunération que dans le cas où les consultants reconnaissent la parfaite exactitude de tous les symptômes qu'elle indique.

Cette convention est de nature à inspirer la plus grande confiance aux personnes qui ont recours à MARIANNE.

On peut la consulter soit en venant la trouver *rue Guénégaud, n. 31*, soit en apportant des cheveux d'un malade ou un gilet de flanelle qu'il a porté ; mais dans ce dernier cas, il faut autant que possible que le malade seul ait touché les objets sur lesquels on prend consultation.

Un **Médecin** *dirige les traitements indiqués par la* **Somnambule.**

Imprimerie de GUSTAVE GRATIOT, 11, rue de la Monnaie.

LA DOYENNE

DES

SOMNAMBULES

OU

NOTICE BIOGRAPHIQUE

DE

MARIANNE PAMBOUR

Accompagnée de Conseils utiles aux personnes qui consultent la Somnambule sur des objets portés par un Malade éloigné de Paris.

> Ce qui est au-dessus de la raison n'est pas pour cela contre la raison.
>
> PASCAL.

Paris

IMPRIMERIE DE GUSTAVE GRATIOT

RUE DE LA MONNAIE, 11.

—

1846

LA DOYENNE
DES SOMNAMBULES.

> Ce qui est au-dessus de la raison n'est pas pour cela contre la raison.
> PASCAL.

La raison s'est longtemps révoltée contre les faits surprenants du Magnétisme, et il est probable que l'on classerait encore au nombre des croyances superstitieuses le fait psychologique le plus curieux de la nature humaine, si les savants de l'ordre le plus élevé et les personnes les plus recommandables par leur caractère n'étaient venus affirmer que leur propre incrédulité avait cédé devant une étude consciencieuse accompagnée de nombreuses expériences qui ne permettaient plus le doute.

Notre intention n'étant pas de faire ici l'histoire de la science magnétique, nous nous bornerons à citer un seul fait à l'appui de ce que nous avançons :

Dans le mois de mai 1826, sur la proposition de M. le docteur *Foissac*, l'Académie de médecine nomma une commission chargée d'étudier et d'expérimenter le Magnétisme; cette commission fut composée de onze académiciens : MM. Leroux, Bourdois de la Motte, Double, Magendie, Guersant, Husson, Thillaye, Marc, Itard, Fouquier, et Gueneau de Mussy.

Après cinq ans d'expériences à l'Hôtel-Dieu, à la Charité, à la Salpétrière, et au Val-de-Grâce, la commission de l'Académie de médecine fit un rapport tellement concluant en faveur du Magnétisme qu'il est aujourd'hui presque aussi ridicule de rejeter les phénomènes magnétiques et somnambuliques que de nier le mouvement de la terre.

Ce n'est pas, du reste, ce qu'il y a de merveilleux dans le somnambulisme qui a inspiré le doute, car tout n'est-il pas merveilleux dans la nature? tout n'est-il pas au dessus de notre raison?

Disons-le, les hommes ont agi pour le Magnétisme et le Somnambulisme comme ils le font dans bien d'autres circonstances. Ici, c'est un jongleur qui puise dans son imagination mille faits absurdes qu'il attribue au Magnétisme; là, c'est un charlatan, qui, entouré de compères et de soi-disant somnambules parfaitement éveillés, extorque l'argent de ses dupes.

Mais un homme sage peut se tenir à l'abri des uns et des autres en n'admettant que ce qu'il voit et vérifie par lui-même, et en ne payant qu'après la réalisation des services qu'on lui promet.

En ce qui concerne les somnambules, on doit se mettre en garde contre ceux *qui le sont devenus*, car on naît somnambule, comme on naît *blanc* ou *nègre*. Toutefois, nous savons que certains états morbides produisent accidentellement le somnambulisme, mais, en général, la lucidité de ces somnambules disparaît avec la maladie qui l'a occasionnée.

L'indice le plus certain d'un somnambulisme magnétique lucide, c'est le somnambulisme naturel antérieur.

Marianne Pambour, qui n'a connu le somnambulisme magnétique qu'à trente et un ans, et dont la lucidité ne s'est pas démentie un instant pendant une pratique de vingt-sept ans, est un exemple frappant de ce que nous disons ici après les plus recommandables praticiens.

Nous allons raconter la vie de cette remarquable somnambule, elle présente un intérêt tel que l'on nous saura gré, nous l'espérons, de ne l'avoir pas laissée dans l'oubli.

Marianne Pambour naquit à Rennes, le 21 décembre 1788; ses parents, honnêtes ouvriers, vivaient au jour le jour du fruit de leur travail, aussi ne songèrent-ils pas à donner à leur fille la moindre instruction. On sait qu'avant la révolution, en Bretagne surtout, les fils d'ouvriers fréquentaient peu les écoles, mais, par compensation, ils apprenaient vite à travailler.

Dès l'âge de sept ans, Marianne était en apprentissage chez une couturière, et, deux ans plus tard, elle était excellente ouvrière.

Sa maîtresse, mademoiselle Yvonne Kermoët, l'affectionnait pour son charmant caractère comme pour ses habitudes d'ordre et de propreté, aussi ne s'était-il pas écoulé un an que Marianne se trouvait établie dans le logement de mademoiselle Kermoët, où elle remplissait les fonctions de contre-maîtresse des apprenties, dont à huit ans elle était la perle et l'exemple.

Tout faisait donc présager que le sort de Marianne était fixé lorsque les faits les plus étranges vinrent dans le courant de l'année 1797 changer sa destinée.

Mademoiselle Kermoët, vieille fille, Bretonne, conséquemment quelque peu superstitieuse, avait la foi la plus entière dans les *revenants*, et des traditions de famille, religieusement recueillies de père en fils, lui avaient appris que de 40 à 50 ans chaque femme Kermoët avait à redouter les tracasseries du *Malin*. Or, mademoiselle Yvonne Kermoët atteignait sa quarante-huitième année en 1797.

Une nuit elle vit un spectre blanc de petite taille, qui glissait au travers de la chambre; bientôt, l'imagination de mademoiselle Yvonne aidant, ce spectre prit des porportions colossales et les formes les plus bizarres, puis il lui sembla qu'il s'affaissait et que la partie inférieure de son corps rentrait en terre; enfin, folle de frayeur, elle prit le parti de se couvrir la tête de ses draps et d'attendre que Dieu décidât de son sort.

Dieu ne voulait pas que mademoiselle Kermoët fût la victime de cette apparition; le lendemain, elle se leva encore inondée de sueur et l'âme remplie d'épouvante, mais une fervente prière, la lumière du jour et une messe dévotement entendue lui rendirent le calme et la confiance.

Cependant tout n'était pas fini: mademoiselle Yvonne, rentrée chez elle, reprend son ouvrage; à sa grande stupéfaction, elle trouve, entièrement achevée, une robe commencée la veille, et les points de ce travail miraculeux se trouvaient d'une régularité tellement mathématique que jamais main d'ouvrière n'eût atteint à cette perfection.

Mademoiselle Yvonne n'y tint plus, elle courut chez son confesseur et l'amena chez elle. Le confesseur de mademoiselle Kermoët était un bon prêtre, Breton comme elle, superstitieux comme elle, et qui prenait d'autant plus d'intérêt à sa pénitente que celle-ci l'avait, au risque de sa tête, soustrait aux persécutions en le cachant chez elle au plus fort de la Terreur.

Mademoiselle Yvonne, après avoir raconté dans le plus minutieux détail tout ce qu'elle avait vu, et tout ce qu'elle avait cru voir, exhiba la robe miraculeusement terminée. Le pieux ecclésiastique se mit en prières, fit des aspersions d'eau bénite, et commanda au démon de se retirer.

Après cet exorcisme on regarda de nouveau les coutures de la robe, mais le fil n'avait pas disparu comme cela eût eu lieu infailliblement, si c'eût été l'œuvre du malin esprit.

Le bon prêtre rassura donc mademoiselle Kermoët par cet argument sans réplique : «*Puisque le fil est de bon aloi et que le miracle tourne à votre profit, vous êtes autorisée, ma fille, à regarder tout ceci comme une grâce spéciale de la sainte Vierge qui, pour récompense de votre piété, vous a envoyé un de ses anges en aide.* »

Il est inutile de dire que Marianne, l'ange en question, avait participé aux prières et aux exorcismes avec toute la piété d'une jeune Bretonne, et que son respect pour dame Yvonne Kermoët tourna presque à la superstition, car le miracle du travail nocturne se répétait assez fréquemment et, il faut le dire, à la grande satisfaction des pratiques.

Sur la fin de cette année 1797, en plein midi, Marianne s'endormit sur son ouvrage et fut réprimandée par mademoiselle Yvonne, qui avait pour son ouvrière cet amour sévère et sans miséricorde trop commun chez les gens superstitieux.

Marianne, désobéissante et irrespectueuse pour la première fois de sa vie, ne quitta point sa position de dormeuse, elle traita mademoiselle Yvonne de méchante bête, se mit à chanter des rondes bretonnes et répondit par des éclats de rire à la colère de sa maîtresse.

Mademoiselle Yvonne n'était pas endurante, outrée d'un manque de respect que les mœurs du pays rendaient inouï, elle s'oublia jusqu'à frapper rudement son ouvrière qui tomba dans d'horribles convulsions. En vain employa-t-on l'eau, les paroles de repentir et d'affection pour calmer la malade, tout fut inutile.

Mademoiselle Kermoët vivement alarmée courut chez son confesseur et l'amena auprès de Marianne; mais celui-ci ayant commencé des prières, vit bientôt ses saintes paroles interrompues par un rire de Marianne, si violent et si diabolique, que le pauvre homme se retira tout épouvanté et déclarant Marianne possédée du Démon.

Toutefois, la crise cessa ; mais, à partir de ce jour, Marianne parlait haut toutes les nuits, elle se levait, parcourait la chambre en riant aux éclats, dansait pendant des heures entières, puis allait gravement se recoucher. Et, le lendemain, si on lui adressait des reproches, elle n'y comprenait rien.

Mademoiselle Yvonne ne fut point éclairée par ce somnambulisme qu'elle ne comprenait pas ; son confesseur lui-même, homme simple et peu versé dans les phénomènes psychologiques, n'attribuait l'état de Marianne qu'à une possession du démon ; et, chose singulière, la preuve la plus péremptoire, pour lui, de cette possession, c'était que depuis les turbulents accès de Marianne, l'ange de la vierge Marie ne venait plus visiter mademoiselle Kermoët et l'aider à la confection de ses robes.

Ainsi Marianne était ange et démon ; mais, de par mademoiselle Yvonne et son confesseur, il n'y avait aucun rapport entre les bienfaits du ciel et la petite malheureuse qui, possédée du démon, avait fait fuir l'ange du domicile de sa maîtresse.

Mademoiselle Kermoët ne put supporter une telle humiliation, et pour regagner les bonnes grâces de la Vierge, elle chassa la pauvre Marianne, déclarant à ses parents que, pour le salut de son âme, elle ne pouvait la garder plus longtemps.

Marianne fut placée presque immédiatement chez un maître d'hôtel de Nantes, M. Hamon, ami de ses parents.

Soit que le changement de pays eût momentanément suspendu chez elle les phénomènes somnambuliques, soit que ces phénomènes n'aient point été formulés en actes connus, les nouveaux maîtres de Marianne n'eurent qu'à se féliciter de sa bonne conduite, de son adresse, de son zèle et de son travail pendant trois ans, c'est-à-dire jusqu'au mois de février 1801.

A cette époque, Marianne avait douze ans, on lui en eût donné seize; elle était devenue excellente cuisinière, et l'hôtel lui devait en partie sa réputation.

Le 20 février 1801, on avait fait de grandes provisions destinées à un repas de corps qui devait avoir lieu le lendemain ; Marianne s'était piquée d'amour-propre et se promettait de mériter de nouveaux éloges. Elle se coucha fort préoccupée de son importante mission et s'endormit, savourant par avance la gloire du succès.

Mais ô inconstance de nos humains projets! Qui se fût trouvé dans la cour de l'hôtel, à une heure du matin, eût vu les fenêtres de la cuisine largement illuminées et notre Marianne courant prestement de ses rôtis à ses casseroles, des casseroles à son four, puis, bientôt, servant dans un ordre parfait, sur sa longue table de cuisine, un délicieux dîner qui n'avait qu'un défaut, celui d'être servi seize heures trop tôt.

Le matin, Marianne, toute préoccupée de ses projets culinaires, se lève à la pointe du jour, elle descend à sa cuisine ; que voit-elle? maître, maîtresse et serviteurs entourant son chef-d'œuvre nocturne qu'ils regardent avec des yeux hébétés et le désespoir dans l'âme.

Maître Hamon, qui n'était ni un théologien, ni une vieille dévote, mais qui avait déjà entendu parler des escapades de certains somnambules, se tint pour averti que sa cuisinière devait être surveillée ; à partir de ce jour, il la fit coucher dans une pièce basse dont la fenêtre était garnie de barreaux en fer, et, chaque soir, il avait soin de l'enfermer. Mais un jour qu'il était absent, ayant eu besoin de se rendre à Paimbœuf, la précaution fut négligée.

Marianne sortit de sa chambre pendant la nuit, alluma un four rempli de fagots, et mit le feu à l'hôtel ; elle eut la présence d'esprit de fermer le four qui vomissait des torrents de flamme, éteignit seule et sans se réveiller le feu qui avait gagné un appentis, et, le lendemain, on la trouva dans son lit, les cheveux à moitié brûlés, la figure barbouillée de noir, dormant du sommeil du juste.

Cette fois, aussitôt son retour, M. Hamon jugea prudent de se séparer de Marianne qui, stoïquement, reprit l'aiguille, et qui, quelques mois après sa dernière aventure, se maria. Elle avait à peine quinze ans et demi.

Habile en toutes choses, Marianne, à dix-huit ans et demi, avait deux enfants et en portait un troisième dans son sein, mais Dieu réservait de cruelles épreuves à la pauvre mère.

Son mari, requis pour la marine, s'embarqua sur un vaisseau qui, dès sa première campagne, périt corps et biens, et Marianne, pour pourvoir à sa subsistance et à celle de ses enfants, se mit en condition. Alors s'ouvrit pour elle une douloureuse période de huit années ; elle vit, un à un, mourir les enfants pour lesquels elle s'était dévouée.

Nous passons sous silence les douleurs intimes de l'épouse et de la mère, et nous retrouvons Marianne à Paris, qui, à l'aide des protections que lui avait attirées sa bonne conduite, avait obtenu l'entreprise des costumes de Franconi.

Marianne s'était remariée et se trouvait en 1819 mère d'une fille, le seul enfant qui lui reste aujourd'hui.

Le somnambulisme naturel de Marianne continuait, il était inhérent à sa nature, mais le temps approchait où une circonstance providentielle devait le convertir en somnambulisme magnétique, lucide et régulier.

Toutefois, avant de céder ainsi la place, le somnambulisme naturel devait prouver, par un touchant exemple, qu'il n'est pas toujours stérile en bonnes œuvres.

Marianne, entièrement absorbée par son état de costumière, qui demande presque du génie, ne connaissait aucun de ses voisins ; mais elle jouissait assez fréquemment de la singulière faculté, de voir pendant son sommeil des scènes qu'elle décrivait à haute voix, ce que son mari prenait pour des rêves.

Une nuit, après avoir pris part en esprit à une scène déchirante entre une mère et une fille qui depuis vingt-quatre heures manquaient de pain, elle se lève, garnit un panier de provisions, et monte aux combles de la maison qu'elle occupait. Son mari la suit, et la voit entrer dans un grenier où deux femmes couvertes de misérables vêtements étaient couchées sur une paillasse, sans draps, sans couverture. C'étaient la veuve et la fille d'un officier tué à Waterloo ; elles attendaient la mort, et la mort la plus horrible, car Marianne avait bien vu, les pauvres femmes étaient sans pain.

Quelle que fût la faiblesse des deux martyres, la présence inopinée de Marianne, au milieu de la nuit, leur arracha un cri de terreur, mais bientôt des paroles que Dieu seul fait sortir du cœur vinrent les rassurer. Marianne leur remit ses provisions, redescendit chez elle pour leur chercher de la lumière, et, à son retour, par une de ces délicatesses dont les belles âmes ont seules le secret, elle les supplia de travailler pour elle, leur disant qu'elle manque d'ouvrières, et qu'elle sera trop heureuse de les voir accepter sa proposition.

Les pauvres femmes n'avaient jamais tenu l'aiguille et en exprimaient le regret, mais Marianne les persuade qu'en un jour elles deviendront excellentes costumières.

Le lendemain madame B*** et sa fille descendirent à l'atelier. Alors eut lieu une scène extraordinaire ; Marianne n'avait aucun souvenir de sa pérégrination charitable, et elle ne connaissait pas ses protégées ; mais son mari l'ayant prise à part et lui ayant raconté ce que lui-même avait vu, elle accepta dignement la sainte mission qu'avait été lui recruter son sommeil et elle installa la mère et la fille dans son atelier.

Les débutantes n'y avaient pas mis de modestie, leur travail était horriblement disgracieux et mal fait, mais la bonne Marianne le trouva admirable et le paya généreusement.

Et, chaque soir, Marianne et deux de ses ouvrières employaient une heure à défaire le travail qui servait si noblement de prétexte à l'aumône, afin d'éloigner l'humiliation du cœur de ses nouvelles amies.

Bientôt madame B*** mourut ; sa fille devint celle de Marianne, pour peu de temps, hélas ! La pauvre enfant, usée par les privations qu'elle avait endurées pendant deux ans, ne tarda pas, malgré les soins les plus empressés, à rejoindre sa mère, en bénissant sa bienfaitrice dont elle apprit toute la générosité, car l'année qu'elle passa près de Marianne suffit pour lui faire apprécier les difficultés de l'état qu'elle avait embrassé.

Marianne Pambour venait de rendre les derniers devoirs à sa fille d'adoption ; toute à sa douleur, elle marchait sans avoir la conscience de ce qui se passait autour d'elle. Elle longeait la Seine, ayant à sa droite l'Hôtel-de-Ville et à sa gauche la rivière, qui, à cette époque, n'était pas encore encaissée par un quai, et elle passait sur des planches dont on garnissait la chaussée en guise de pont, attendu l'empiétement des eaux sur la place de Grève, lorsqu'elle fut heurtée violemment par un maladroit qui lui fit perdre l'équilibre et la fit tomber à l'eau.

On la releva immédiatement, mais pâle, tremblant la fièvre et presque méconnaissable.

Un groupe de curieux l'entourait et l'on parlait de la reconduire chez elle, lorsqu'une dame, aussi remarquable par la recherche de sa toilette que par sa grande beauté, se fit jour à travers le triple rang de badauds, prit le bras de Marianne qu'elle avait reconnue et à laquelle elle portait le plus vif intérêt, la fit monter dans une voiture, et l'emmena chez elle.

Cette dame bienfaisante et si belle était madame Sas-Portas, adepte du magnétisme et amie de l'abbé Faria, dont nous aurons bientôt occasion de dire un mot.

Aussitôt arrivée chez elle, madame Sas-Portas prit les plus grands soins de Marianne, puis, sans la prévenir de son intention, elle chercha à la magnétiser en la regardant fixement.

Marianne n'avait jamais entendu prononcer le mot Magnétisme, elle ignorait donc le motif de ce regard perçant, obstiné, qui semblait la pénétrer jusqu'aux entrailles; elle eut peur, voulut se lever, mais la belle magnétiseuse, d'un geste impérieux, la fait retomber sur son fauteuil, et Marianne pour la première fois est endormie du sommeil magnétique.

Madame Sas-Portas, toute glorieuse du facile succès qu'elle vient d'obtenir, interroge la somnambule qui, sans aucune hésitation, non seulement lui fait connaître que son immersion a placé en elle le germe d'une fluxion de poitrine, mais encore lui indique le remède nécessaire pour prévenir le développement de cette maladie.

Le but auquel tendait madame Sas-Portas étant atteint, et Marianne étant suffisamment reposée, la magnétiseuse songea à la réveiller, mais en vain mit-elle en œuvre pendant plusieurs heures tous les moyens imaginables, Marianne semblait vouée à un sommeil éternel.

Enfin, madame Sas-Portas, effrayée, eut recours à un parti qui répugnait excessivement à son amour propre de magnétiseuse : elle commanda une voiture et se fit conduire avec son obstinée somnambule chez l'abbé Faria, qui avait à juste titre la réputation du plus puissant magnétiseur de son époque.

L'abbé Faria avait alors soixante-cinq ans environ, mais les violentes passions l'avaient usé, la maigreur faisait saillir les os de sa figure et donnait à son regard vif et perçant un caractère d'énergie fatale, on éprouvait une sorte de terreur involontaire lorsque cet homme étendait sa main osseuse vers vous, en criant de la force de ses poumons son mot sacramentel : *Dormez !* qui seul suffisait pour endormir instantanément une personne sensible au magnétisme.

Pendant que madame Sas-Portas s'évertuait inutilement chez elle à réveiller Marianne, l'abbé Faria, couché sur son lit à la manière des anciens, présidait gaîment un dîner d'amis ; on en était au dessert lorsque l'on annonça madame Sas-Portas et une femme ; elles furent reçues aux acclamations de quinze joyeux convives. Madame Sas-Portas raconta son fait avec un dépit charmant, et l'abbé, après avoir exigé que les nouvelles arrivantes prissent place à table, se leva sur son séant, et dirigeant la main et le regard vers Marianne, lui cria : *Réveillez-vous*.

La pauvre femme s'éveilla en effet, mais comment peindre

sa stupéfaction : cette table entourée d'hommes, ce lit sur lequel riait à en perdre haleine l'abbé Faria, étaient si loin de ressembler au salon de madame Sas-Portas, où elle avait été endormie, qu'elle se crut en proie à un mauvais rêve; c'était en effet pour elle une seconde édition des aventures d'Abou-Hassan, mais, il faut en convenir, l'abbé Faria ressemblait plutôt à Satan qu'au glorieux calife Haroun-al-Raschid.

Enfin l'abbé commanda à Marianne de dormir, ce qu'elle fit incontinent, et son réveil ayant été préparé avec plus de douceur, elle revint à la vie réelle, calme et n'éprouvant plus d'autre inquiétude que le violent désir de retourner vers sa fille et son mari.

L'abbé Faria avait été trop vivement frappé des éminentes qualités de la somnambule que le hasard lui avait amenée pour ne pas se l'attacher; il fit si bien que quelques jours après cette aventure, Marianne était somnambule de profession.

Chaque jour, Marianne donnait une vingtaine de consultations et jamais elle ne commettait la moindre erreur, soit que les malades la consultassent eux-mêmes, soit qu'elle n'eût pour objet d'investigation que des cheveux ou des flanelles portées par les personnes habitant des provinces éloignées.

Une particularité du sommeil magnétique de Marianne, c'est qu'elle s'est constamment refusée à toutes les expériences de curiosité, et malgré l'empire qu'avait sur elle l'abbé Faria et le goût de ce magnétiseur pour le merveilleux, il ne put jamais obtenir d'elle qu'elle parût en public. Lorsqu'il devenait pressant, elle lui répondait : J'ai pour mission spéciale de guérir les maladies et non de satisfaire la curiosité des désœuvrés.

Marianne avait raison, et, du reste, n'est-il pas aussi merveilleux d'entendre une somnambule décrire, sur le simple attouchement de cheveux ou d'un gilet de flanelle, l'état maladif d'une personne éloignée de cent lieues, et indiquer les remèdes qui doivent la guérir, que de deviner ce qu'une personne a dans sa poche ou dans sa pensée ?

Cependant la réserve de Marianne a cédé en diverses circonstances au désir de faire le bien, mais n'est-ce pas encore être somnambule médicale que de guérir les plaies de l'âme ? Nous citerons un seul fait : Une mère avait perdu sa fille, jeune enfant de trois ans, et toutes les recherches avaient été infructueuses pendant près de deux mois. On apporta à Marianne une robe de l'enfant, et après l'avoir flairée quelques minutes elle déclara la voir près de Péronne, en compagnie de jongleurs ambulants.

On lui demanda si elle pourrait rester en sommeil magnétique un laps de temps assez considérable pour accompagner la mère et diriger ses recherches ; sur sa réponse affirmative on prit la poste, et, douze heures après la consultation, la mère avait retrouvé son enfant.

A peine un an s'était-il écoulé, que Marianne eut la douleur de perdre son magnétiseur qui, comme nous l'avons dit, était déjà malade lorsqu'elle le connut.

Marianne regretta l'abbé Faria, qui rachetait ses brusqueries par un fonds de bonté et de grandeur d'âme qui lui avait valu de nombreux et sincères amis.

Mais la réputation de Marianne était faite ; l'abbé Faria, sous la main duquel se manifestaient de si merveilleux somnambules, déclarait que Marianne était la première somnambule du monde, en ce que le somnambulisme lucide était inné en elle et ne la quitterait qu'à la mort.

La prédiction ou plutôt l'appréciation de l'abbé Faria a

été exacte jusqu'ici ; Marianne Pambour n'a pas cessé un moment d'être d'une parfaite lucidité, et depuis vingt-sept ans plus de dix mille malades, dont une grande partie étaient abandonnés des médecins, lui doivent leur retour à la santé.

Souvent, aussi, des médecins, parmi ceux même qui jouissent de la plus haute réputation, ont eu recours à la magique clairvoyance et au sens de prévision de Marianne lorsqu'ils sentaient l'insuffisance de la science, et, pour quelques-uns, Marianne a été le marche-pied de la célébrité et de la fortune.

Marianne Pambour est la première somnambule qui ait établi pour convention avec ceux qui la consultent qu'elle ne recevra de rémunération qu'autant que l'on reconnaîtra véritable la description qu'elle donne des maladies, de leur siége et de leurs symptômes.

Cette sage détermination fruit d'une délicatesse que l'on ne saurait trop apprécier, a quelquefois semblé aux gens de mauvaise foi un moyen d'obtenir gratuitement des consultations, mais Marianne en a mis plus d'un au regret d'avoir tenté cette ignoble spéculation ; pas un, même, n'a pu se flatter de l'avoir prise pour dupe. Un jour, après avoir décrit à un consultant les symptômes de sa maladie, celui-ci lui répondit qu'elle se trompait ; elle lui répliqua : « *Je vous plains de tout mon cœur d'être arrivé au point de ne pas sentir votre mal, et comme ce symptôme d'insensibilité physique que je n'avais pas aperçu me fait croire que vous avez une organisation à part, je ne me permettrai pas de vous indiquer de remède,* » puis elle le congédia.

Une autre fois, un négociant de Nantes, pour éprouver Marianne, niait la vérité des symptômes qu'elle lui décrivait et la réalité de douleurs qu'il ressentait cruellement. La somnambule lui ayant pris la main gauche, lui dit : *« Voici à votre petit doigt une bague qui appartient à votre « femme; il est dangereux, Monsieur, de la porter, car « Madame a un cancer au sein et cette bague est imprégnée « du virus de cette maladie. »* Le plaisant, avec une précipitation risible, ôta la bague de son doigt. Marianne le rassura en lui disant qu'elle avait voulu le confondre en lui prouvant sa lucidité, et qu'il pouvait porter la bague sans danger; notre négociant renonça à ses inconvenantes dénégations et avoua la maladie de sa femme; tous deux durent la santé à la précieuse somnambule.

Nous terminerons cette notice biographique par l'exposition d'un fait curieux et pouvant en même temps servir d'enseignement aux personnes qui consultent pour un malade en envoyant de ses cheveux ou de la flanelle qu'il a portée sur la peau.

Tout dernièrement, Marianne reçut un petit ballot de Lyon, qui contenait un gilet de flanelle soigneusement enveloppé de papier, et une lettre ainsi conçue :

A MADAME MARIANNE PAMBOUR,
Rue Guénégaud, 31.

« Je vous envoie, Madame, un gilet de flanelle, porté « pendant trois jours par une personne malade à laquelle « je m'intéresse. Je vous prie de me faire connaître votre « opinion sur son état de maladie et sur le traitement à « suivre. »

Marianne ayant été endormie exprima, au toucher de ce gilet, le plus vif étonnement, et dit :

« C'est singulier, je vois tout double dans ce malade, « il y a deux cœurs, deux estomacs, etc., mais il y a

« *partout un organe qui rayonne en jaune et un autre*
« *qui rayonne en violet-orangé.*

« *L'estomac jaune est ulcéré, et j'y sens une douleur*
« *vive quand la plaie est en contact avec des aliments.*

« *L'autre estomac violet-orangé est très sain.*

« *Les nerfs violet-orangé qui traversent les muscles à*
« *la hauteur du bassin, sur les bords de l'épine du dos,*
« *sont malades, et j'y éprouve des douleurs sourdes; c'est*
« *un lombago.*

« *Le cerveau jaune est malade à la partie antérieure,*
« *j'y éprouve de grandes douleurs comme des élancements.*

« *Mais tout cela se confond, je suis fatiguée et si je*
« *donnais un remède pour la maladie jaune, je ferais*
« *beaucoup de mal à la maladie violet-orangé; je crois*
« *que deux personnes ont porté le gilet et que je les*
« *vois toutes deux entrelacées. Réveillez-moi.* »

On réveilla Marianne, et l'on s'empressa d'écrire à la personne qui consultait en relatant ce que Marianne avait dit.

Quelques jours après, on reçut un nouveau paquet contenant deux gilets de flanelle, et une lettre expliquant que M. T****** éprouve tous les symptômes indiqués par les organes jaunes; que son frère, dont la santé n'est altérée que par de fortes douleurs dans la région des vertèbres lombaires, a manipulé assez longtemps le gilet porté par M. T******, pour en faire un paquet aussi mince que possible; mais que cette fois chaque frère a porté un gilet et a fait lui-même le paquet et que l'on demande une seconde consultation.

Cette fois, Marianne eut en effet la vue des deux frères parfaitement isolés, et après avoir répété l'exposé diagnostique de chacun et l'avoir complété, elle indiqua le traitement, qui fut approuvé par le médecin des malades, et les rendit promptement à la santé.

Cet exemple doit faire comprendre combien il est important de ne point toucher les objets, cheveux ou flanelle, qui doivent servir, en l'absence du malade, pour une consultation. On doit, si le malade ne peut lui-même se couper des cheveux ou faire un paquet, toucher les objets avec un linge propre dont on se garnit les mains, mais il vaut infiniment mieux que le malade lui-même les enveloppe dans du papier blanc.

L'existence tout exceptionnelle de Marianne est un des faits les plus intéressants de l'histoire du Magnétisme, et nous avons cru devoir en esquisser une partie dès ce moment; mais notre œuvre ne se bornera pas à ce court exposé, et nous compulsons en ce moment d'immenses matériaux qui, joints à ceux que le sommeil magnétique de Marianne nous met à même de recueillir chaque jour, serviront de base à un ouvrage scientifique du plus haut intérêt.

P*****.

Dans l'intérêt des personnes éloignées de Paris nous devons les prévenir que madame MARIANNE PAMBOUR, rue Guénégaud, 34, ne reçoit que les lettres et les paquets affranchis.

www.ingramcontent.com/pod-product-compliance
Lightning Source LLC
Chambersburg PA
CBHW060559050426
42451CB00011B/1985